KLEINER

AUSLANDS-KNIGGE

von Frauke Weigand

W0019207

Trotz gewissenhafter Bearbeitung kann eine Haftung für den Inhalt nicht übernommen werden. Für aktuelle Ergänzungen und Anregungen ist der Verlag jederzeit dankbar.
Wir bedanken uns bei allen, die uns unterstützt haben.

Impressum
© 2022 BuchVerlag für die Frau GmbH
Gerichtsweg 28, 04103 Leipzig
Tel.: 0341 / 49 35 74 - 0, Fax: 0341 / 49 35 74 - 40
www.buchverlag-fuer-die-frau.de

Titelfoto: Colourbox.de
Innenfotos: Colourbox.de außer Seite 122: Anatoly Maslennykov, Shutterstock.com
Gestaltung und Satz: Amrei Serfling, Leipzig
Druck: Druckhaus Gera
Bindearbeiten: Müller Buchbinderei GmbH, Leipzig
Printed in Germany

1. Auflage 2022
ISBN 978-3-89798-634-3

INHALTSVERZEICHNIS

Andere Länder, andere Sitten

Jedes Land hat seine eigene Kultur, seine Sitten und Bräuche. Manche wirken sehr exotisch und wenn man sich selten in anderen Kulturkreisen bewegt, können gewisse Traditionen eher etwas befremdlich sein. Aus diesem Grund sollte man sich als Urlauber oder Gast gut auf das fremde Land vorbereiten. Denn wenn man Gast in einem Land ist, sollte man den Einheimischen respektvoll begegnen und ihre Sitten und Bräuche achten. Man muss sicherlich nicht jeden Brauch und jede Tradition kennen, darf aber den Gastgeber keinesfalls demütigen oder kompromittieren.

Informieren Sie sich vor Antritt Ihrer Reise in der einschlägigen Literatur und beachten Sie die Reiseempfehlungen des Auswärtigen Amtes.

Erkundigen Sie sich in Zeiten einer Pandemie bzw. einer Epidemie vor Antritt Ihrer Reise nach Infektions-Hotspots und nach den jeweiligen Einreisebeschränkungen. Achten Sie dabei auch auf die Rückreisebestimmungen Ihres Heimatlandes. Informationen dazu erhalten Sie bei den zuständigen Behörden, beim Auswärtigen Amt, bei Ihrem Reiseveranstalter oder auch beim Automobilclub.

Man sollte in Pandemie- bzw. Epidemiezeiten auf bestimmte Rituale, die mit engem Körperkontakt verbunden sind, wie beispielsweise das Begrüßen, egal in welchem Land Sie sich gerade aufhalten, generell verzichten. Ein nettes Lächeln öffnet fast immer alle Türen, auch wenn man nicht die gleiche Sprache spricht.

Tragen Sie eine Mund-Nasen-Bedeckung, wenn es vorgeschrieben ist, halten Sie entsprechend Abstand, niesen Sie nicht in die Handflächen, sondern möglichst in die linke Armbeuge bzw. in ein Taschentuch und waschen Sie sich regelmäßig, insbesondere vor dem Essen, die Hände. So können Sie sich selbst, aber auch andere schützen.

Damit Sie nicht in jedes Fettnäpfchen treten und einen schönen Urlaub bzw. Aufenthalt in dem von Ihnen bereisten Land haben, bietet dieser Knigge ein paar Tipps von mir.
Ich wünsche Ihnen einen schönen und erlebnisreichen Urlaub und „bon voyage", egal wohin Ihre Reise geht!

Herzlichst
Ihre
Frauke Weigand

Hinweis: Ich habe in diesem Buch bei meinen Ausführungen die männliche Form gewählt. Es soll den Damen gegenüber keinesfalls unhöflich oder diskriminierend wirken, aber diese Form liest sich einfach besser und wirkt verständlicher, als immer beide Varianten zu schreiben.

Ein großes Dankeschön gilt all meinen Interviewpartnern für ihre wertvollen Informationen und Hinweise. Diese habe ich sehr gern in dieses Buch ein-eingearbeitet.

Tipps für ausgewählte Urlaubsländer

ÄGYPTEN

Begrüßung:

Frauen werden niemals per Handschlag, sondern durch dezentes Kopfnicken gegrüßt. Als Zeichen der Ehrerbietung halten Männer manchmal zur Begrüßung von Frauen ihre rechte Hand ans Herz. Es gilt als unhöflich, Frauen in die Augen zu schauen.

Wenn sich Männer untereinander begrüßen, suchen sie den Körperkontakt: Händeschütteln, Wangenküsschen, Umarmungen. Wenn man sich mit Handschlag begrüßt, wird die rechte Hand gereicht, man sagt: „Salam aleikum".

Tischsitten:

Vor und nach dem Essen Hände waschen. Gegessen wird ausschließlich mit der rechten Hand, die linke Hand gilt als unrein. In ländlichen Regionen sitzt man beim Essen auf dem Boden. Vor dem Betreten der Matte des Essplatzes werden die Schuhe abgelegt. Man beginnt zu essen, wenn der Älteste bzw. der Gastgeber dazu auffordert. Reste auf dem Teller signalisieren, dass Sie satt sind; bei leerem Teller wird gastfreundlich nachgelegt. Fladenbrot wird als Löffelersatz benutzt. Minztee darf in Ägypten auf gar keinen Fall fehlen. Dieser wird überall und zu jeder Gelegenheit angeboten. Die Ägypter trinken ihn gern sehr süß.

Kleidung:

Sie bereisen ein muslimisches Land, deshalb achten Sie bitte auf Kleidervorschriften. Sowohl bei Frauen als auch bei Männern gilt das Zeigen von zu viel nackter Haut in der Öffentlichkeit als anstößig und wird nicht gern gesehen. Man sollte eine Moschee nur mit bedeckten Schultern und mindestens kniebedeckt betreten. Meine Empfehlung: für die Männer lange Leinenhose mit einem langärmligen Hemd und für die Frauen eine weite, Figur umspielende Kleidung. Um die Hüften kann man ein Tuch binden. Frauen sollten in einer Moschee ihre Haare mit einem Tuch bedecken. Für einen Ausflug in die Wüste sind geschlossene Schuhe, lange Hose, langärmliges Hemd sowie ein Tuch oder ein Hut als Kopfbedeckung zu empfehlen. Packen Sie sich noch eine Jacke oder einen Pullover für den Abend ein, da die Temperaturen stark abfallen können.

Sonstiges:

Ägypten ist, wie alle arabischen Länder, stark islamisch geprägt. Hier sind Alkohol und Schweinefleisch tabu.

Im Fastenmonat Ramadan sollte man Muslime nicht zum Essen einladen.

Kleine Fauxpas sind: Beine übereinanderschlagen, Schuhsohlen zeigen und in der Öffentlichkeit Zärtlichkeiten austauschen.

Man fragt nicht nach der Ehefrau, aber nach Kindern zu fragen, ist in Ordnung.

Ein „Bakschisch" („Teile, was du hast") für kleine Dienstleistungen zu geben, ist Ehrensache.

Gut zu wissen: Im alten Ägypten rasierten sich Frauen und Männer die Köpfe und trugen Perücken als Schutz gegen Läuse. Perücken waren aber auch ein Statussymbol und ein wichtiges Mode-Accessoire. Wohlhabende Ägypter trugen Perücken aus

menschlichen Haaren, Ärmere aus Wolle oder Pflanzenfasern.

Die alten Ägypter unterteilten als erste ein Jahr, bestehend aus 365 Tagen, in 12 Monate.

Fotografieren und Filmen:

Man darf in allen Sehenswürdigkeiten, Tempeln oder den Pharaonengräbern fotografieren und filmen (außer in Abu Simbel). Bei einigen Sehenswürdigkeiten wird man darauf hingewiesen, keinen Blitz zu nutzen. Militärische Anlagen, öffentliche Bauten, uniformierte Personen, Häfen, Bahnhöfe oder Flugplätze dürfen nicht gefilmt oder fotografiert werden.

BULGARIEN

Begrüßung:

Die Begrüßung erfolgt wie bei uns in Deutschland, man gibt die rechte Hand, hält zwei bis drei Sekunden Blickkontakt und sagt: „dobŭr den".

Tischsitten:

Beim Essen wird meist nur eine Gabel benutzt. Fleisch wird vorher mit dem Messer zerteilt. Zum Auftunken der Sauce nutzt man Weißbrot. Die bulgarische Küche ist von der türkischen, griechischen, aber auch österreichischen Küche beeinflusst und bietet eine breite Palette an Gewürzen wie die Gewürzmischung Tschubritza. Sie sollten unbedingt den traditionellen Schopska-Salat und den typisch bulgarischen Obstbrand Rakija probieren.

Kleidung:

Das „Oben-Ohne-Sonnen" wird in der Regel an den großen beliebten Stränden in Bulgarien toleriert. Es gibt sogar vereinzelt FKK-Strände. Prüfen Sie, ob die Gegend, in der Sie sich befinden, eher muslimisch oder christlich geprägt ist oder ob Kinder anwesend sind. Der Goldstrand hat sich zu einer neuen und vor allem kostengünstigen Partymeile entwickelt. Hier teilen sich die Partytouristen den beliebten Strand mit Familienurlaubern. Mit der Badebekleidung eine Bar oder ein Restaurant direkt vom Strand zu besuchen, wird in der Regel nicht gern

gesehen. Respektieren Sie die Restaurant- bzw. Hotel-Dresscode-Hinweise.

Sonstiges:

Bei Einladungen in eine bulgarische Familie sollten Sie ein kleines Gastgeschenk mitnehmen. Deutsche Produkte sind immer beliebt.

Bulgarien zeichnet sich durch eine Besonderheit aus: Das Nicken mit dem Kopf bedeutet „nein" und Kopfschütteln bzw. hin und her wiegen heißt „ja".

Beschreibungen sind in vielen bulgarischen Museen nur in kyrillischer Schrift verfasst. Es empfiehlt sich, einen deutschsprachigen Reiseführer oder eine entsprechende App in den Urlaub mitzunehmen. Montags und zur Mittagszeit sind die meisten Museen geschlossen.

Trinkgeld wird auch in Bulgarien gern gesehen. Es sollte ca. 10 Prozent der Rechnung betragen. Das Trinkgeld können Sie in Euro (möglichst in Scheinen) oder in der Landeswährung Lev (Mehrzahl: Leva) entrichten.

Beim Spazierengehen im Dunkeln empfiehlt es sich, eine Taschenlampe mitzunehmen, denn viele Fußwege sind in einem schlechten Zustand.

In Gaststätten, auf Terrassen von Restaurants sowie auf öffentlichen Spielplätzen, Bushaltestellen, Bahnsteigen und Flughäfen darf gemäß dem Gesetz zum Rauchverbot nicht geraucht werden. Es gibt jedoch überall Raucherbereiche.

DOMINIKANISCHE REPUBLIK

Begrüßung:

Zur Begrüßung reicht man dem Gegenüber die rechte Hand.

Tischsitten:

Die dominikanische Küche ist stark von den spanischen Wurzeln geprägt.

Kleidung:

Kleiden Sie sich nicht allzu freizügig. Dies könnte von den einheimischen Männern missverstanden werden.

Sport- und Badebekleidung sollten nur am Strand, in Sport- oder Hotelanlagen getragen werden. An den Stränden der Hotelanlagen wird „Oben-Ohne" toleriert, man verstößt damit dennoch gegen die Moralvorstellung der Einheimischen.

Sonstiges:

Die Bewohner der Dominikanischen Republik haben ihre kulturellen Wurzeln in der Karibik mit Einflüssen aus afrikanischer, indianischer, britischer und französischer Geschichte. Missverständnisse zwischen Dominikanern und deutschen Urlaubern lassen sich durch ein angemessenes Verhalten beider Seiten minimieren bzw. überwinden.

Bei den Dominikanern kommt man mit deutscher Ungeduld nicht weiter und es kann passieren, dass man auf Unverständnis stößt. Die Einheimischen benutzen gern den Satz „no hay problema" („es gibt keine Probleme"), auch wenn es für uns nach Schwierigkeiten ausschaut. Versuchen Sie, die karibische Gelassenheit anzunehmen, das spart Nerven und Sie können Ihren Urlaub in Ruhe genießen.

In der Dominikanischen Republik herrscht eine große Kluft zwischen Arm und Reich. Als Urlauber zählen Sie zu den Reichen. Also stellen Sie Ihren Besitz wenig zur Schau, verwahren Sie wertvollen Schmuck im Hotelsafe oder lassen Sie diesen lieber zu Hause.

Auch in der Dominikanischen Republik freut man sich über Trinkgeld. Es
sollte immer angemessen sein. Geben
Sie Dollarscheine oder Pesos.

Es gibt ein Rauchverbot an den öffentlichen Stränden. Bitte beachten
Sie die Nichtraucherzonen, bei Nicht-
einhaltung drohen Geldstrafen.

FRANKREICH

Begrüßung:

Zur Begrüßung schüttelt man sich zunächst die Hand, allerdings nur flüchtig, ein kräftiger Händedruck gilt als unkultiviert. Wenn sich Menschen gut kennen, begrüßt bzw. verabschiedet man sich mit einem „la bise", einem hingehauchten Küsschen. In den meisten Regionen gibt man sich zwei Küsschen, eines links und eines rechts. Zur Begrüßung kann man tagsüber ein freundliches „Bonjour, Madame/Monsieur" sagen, ab dem frühen Abend sagt man „Bonsoir, Madame/Monsieur".

Tischsitten:

Die Tischmanieren gleichen den deutschen. Das französische Frühstück fällt nicht so üppig aus. Man trinkt den Kaffee aus einer kleinen Schüssel (bol) und tunkt z. B. Brot, Croissants, Brioche oder Kekse hinein. In Frankreich beginnt das Mittagessen gegen 12.30 Uhr, das kann bis 14.00 Uhr dauern. Vor dem Essen wünscht man „bon appétit" – „Guten Appetit". Nach dem Essen bedankt man sich nochmals mit „on a bien mangé" – „es hat gut geschmeckt". Nach dem Hauptgang wird eine Käseplatte gereicht. Es sollten maximal drei Sorten probiert und auf keinen Fall die ganze Platte geleert werden. Dabei sind die angebotenen Käsestücke immer seitlich und niemals an der Spitze anzuschneiden. Jede Käsesorte hat ihr eigenes Messer. Zum Käse-Essen benutzt man keine Gabel. Das Baguette wird nicht geschnitten, sondern stets mundgerecht in kleine Stücke gebrochen. Trinkgelder kann man auf dem Tisch liegen lassen.

In Frankreich ist bei Rechnungslegung das Trinkgeld in Restaurants und Cafés bereits mit einer Servicepauschale von 15 Prozent eingerechnet. Ein Hinweis dazu mit „Service compris 15 Prozent" befindet sich meist am unteren Rand der Rechnung. Trinkgeld wird in Frankreich „pourboire" genannt. Es gibt keine Regeln über die Höhe des

Trinkgeldes. Wenn Sie mit dem Service zufrieden waren, freut sich jeder Dienstleister über ein angemessenes „pourboire".

Insbesondere in Paris ist es üblich, dass man vom Kellner platziert wird. Natürlich kann man sich mit dem Kellner abstimmen, sollte Ihnen der zugewiesene Tisch nicht gefallen.

Kleidung:

Franzosen lieben elegante Kleidung. Französinnen mögen es edel, sie tragen gern Schmuck und Make-up. Man sieht heutzutage eher seltener die traditionelle Baskenmütze. In der Freizeit geht man leger. In der Kirche oder zu Besuch kleidet man sich angemessen und zu Privateinladungen formell-elegant.

Sonstiges:

Ein Gastgeschenk ist durchaus üblich. Wie in Italien und Spanien sollten Sie allerdings keine Chrysanthemen verschenken, da diese auch in Frankreich typische Friedhofsblumen sind.

Das bei uns bekannte Taucher-OK-Zeichen aus einem Ring aus Zeigefinger und Daumen heißt in Frankreich „très bon" („sehr gut") und wird gern nach einem köstlichen Essen gezeigt.

In Frankreich gibt es seit 2008 ein umfassendes Rauchverbot, das Rauchen beispielsweise in öffentlichen Gebäuden, Einrichtungen, Hotels, Restaurants und am Arbeitsplatz ist per Gesetz untersagt.

GRIECHENLAND

Begrüßung:

Bei der Begrüßung werden Freunde und Familienangehörige gern umarmt. Wenn Griechen Fremde oder Bekannte begrüßen, bleibt es beim verbalen Gruß, eventuell kommt ein Schulterklopfen hinzu. Man sagt „ja sas" für „Hallo", „Kalimera" für „guten Tag" bzw. „Kalispera" für „guten Abend".

Tischsitten:

Diese ähneln den deutschen Tischsitten. Der Umgang am Tisch ist etwas lockerer, so kann man auch während des Essens aufstehen oder den Platz wechseln.

Zu Mittag zwischen 12.00 und 15.00 Uhr und zum Abendessen ab 21.00 bis 24.00 Uhr gibt es große Portionen an Speisen, der Ouzo ist oft obligatorisch. Im Restaurant wird der Kellner nur mit Handzeichen gerufen. Sollten Sie eine private Einladung erhalten, nehmen Sie bei den vielen Gängen lieber etwas weniger von allem, als Gänge auszulassen. Damit beleidigen Sie Ihren Gastgeber!

Bestellen Sie immer mit klarer Preisabsprache. So wird Fisch wie auch in

Italien immer nach Gewicht bezahlt. Hier noch etwas zur kretischen Essenskultur: Paréa – das bedeutet so viel wie Gemeinschaft und man geht als solche gern zusammen essen. Den Kretern ist eine gute Gesellschaft sehr wichtig. Hier einige Regeln zur urgriechischen Essgewohnheit: Man setzt sich nicht einfach dazu oder verlässt für längere Zeit die Runde. Es wird für alle bestellt, somit gibt es reichlich an Speisen. Beim Essen wird geteilt und jeder kann sich von allem nehmen, es bleibt immer ein „Anstandsrest" auf dem Tisch, damit man nicht sagt, dass der Gastgeber knauserte und nur einer bezahlt.

Kleidung:

Grundsätzlich legt man Wert auf gute Kleidung, die typische Urlauberkleidung wird nicht gemocht. Beim Besuch von Kirchen, Klöstern und in ländlichen Regionen sollte man unbedingt auf angemessene Kleidung achten und nicht zu viel Haut zeigen. Das „Oben-Ohne-Baden" wird toleriert, trotzdem fühlen sich viele Griechen davon gestört. Gesonderte FKK-Bereiche gibt es vor allem auf den griechischen Inseln.

Sonstiges:

Bei Besuchen sind ein paar Minuten Verspätung kein Problem, Sie sollten allerdings die akademische Viertelstunde nie überschreiten. Griechen

laden nicht nur gern ein, sondern werden auch gern eingeladen. Zu Einladungen bringt man ein kleines Geschenk mit, Blumen oder alkoholische Getränke. Eine ausgeschlagene Einladung gilt als Beleidigung.

Viel Aufmerksamkeit widmet man den Kindern – das gilt auch für die Kinder der Gäste und Urlauber.

Kopfnicken bedeutet „Nein" und „Ja" heißt auf Griechisch „Ne". In Deutschland bedeutet das schon beschriebene Taucher-OK-Zeichen, „Alles Ok", in Griechenland allerdings gilt diese Geste als obszön.

In Griechenland werden Beträge von Dienstleistern ohne zu fragen auf- oder abgerundet.

Trinkgelder sind gern gesehen. In Restaurants lassen Sie einfach Rückgeld auf dem Tisch liegen, ca. 10 Prozent des Rechnungsbetrags.

In Griechenland ist von 13.00 bis 17.00 Uhr Mittagsruhe. In dieser Zeit geht gar nichts.

Wasser ist in Griechenland ein kostbares Gut, denn fast das ganze Land hat Probleme mit der Wasserversorgung. Das Leitungswasser ist kein Trinkwasser, es kann mit Bakterien belastet sein.

In Griechenland plant man ein striktes Rauchverbot.

ITALIEN

Begrüßung:

Man begrüßt sich ähnlich wie in Deutschland per Handschlag, oft wird gleich geduzt und es gibt häufig noch ein Küsschen links und rechts. Die Italiener haben mit körperlicher Nähe keine Probleme, dennoch sollte man sich hier als Gast zurückhalten. Es ist nicht ungewöhnlich, dass sich auch Männer umarmen oder manchmal Hand in Hand auf der Straße gehen.

Tischsitten:

Sie gleichen den Tischgewohnheiten in Deutschland. Das Frühstück (prima colazione) ist nicht so üppig. Das Mittagessen (colazione) wird zwischen 12.30 und 14.30 Uhr und das Abendessen (cena) zwischen 19.00 und 21.00 Uhr eingenommen. Im Restaurant wird immer „coperto" („Gedeck") gezahlt. Diese Pauschale beinhaltet das Eindecken des Tisches und das gereichte Brot. Je nach Restaurant zahlt man unabhängig von der Höhe der Rechnung zusätzlich 1 bis 2 Euro coperto.

Normalerweise bekommen Sie im Restaurant einen Platz zugewiesen. Natürlich haben Sie bei der Tischwahl ein Mitspracherecht und müssen sich nicht an den „Katzentisch" abschieben lassen.

Die beliebte Pasta essen Italiener nur mit der Gabel, d. h. die Spaghetti werden aufgerollt – abbeißen ist verpönt. Ein Tipp: Wenn Sie ordentlich Parmesan-Käse auf die Spaghetti geben, lassen sie sich besser auf die Gabel rollen. In den Urlauberregionen wird oft zusätzlich ein Löffel eingedeckt, den Sie beim Essen zu Hilfe nehmen können.

Ein Italiener trinkt niemals Cappuccino am Nachmittag, sondern zum Frühstück. Caffé (Espresso) dagegen passt zu jeder Tages- und Nachtzeit, wer auf Milch nicht verzichten möchte, wählt Caffé Macchiato (Espresso mit warmer aufgeschäumter Milch) oder Caffè Freddo Macchiato (Espresso mit kalter Milch).

In vielen Eisdielen und Bars wird mit dem Hinweis „kassa" bezahlt: Man bezahlt sein Eis oder sein Getränk vor der Bestellung und bestellt danach mit dem Kassenzettel (scontrino) am Eisstand oder der Bar.

Für das in Deutschland übliche getrennt Bezahlen haben italienische Kellner wenig Verständnis. Egal, wer wie viel gegessen oder getrunken hat, unter Italienern ist es üblich, die Gesamtsumme durch die am Essen Beteiligten zu teilen.

In Restaurants ist Trinkgeld eher unüblich. Sie können gern ein paar Euro auf dem Tisch liegen lassen.

Bestellen Sie immer mit klarer Preisabsprache. So wird Fisch, wie auch in Griechenland, immer nach Gewicht bezahlt.

Kleidung:

In Italien ist gute Kleidung angesagt. Im Vergleich zu Deutschland kleidet sich der Italiener immer etwas eleganter. Auch bei offiziellen Anlässen wird Wert auf tadellose Garderobe gelegt. Etwas legerer kleidet man sich in der Freizeit. Zuviel Freizügigkeit und die typische Urlaubskleidung wie Sandalen (Flip-Flops) und Shorts sind nicht so gern gesehen. Wie in allen katholisch geprägten Ländern sollten Kirchen und Klöster in angemessener Kleidung besucht werden. Frauen sollten keine allzu kurze Kleidung tragen und die Schultern bedecken. Für Männer sind Achselshirts und Shorts tabu.

In Italien ist FKK (auch für Kinder) grundsätzlich verboten. Allerdings gibt es auch in Italien einige wenige FKK-Strände. Das „Oben-Ohne-Baden" wird geduldet. Seit 2008 gibt es einen Benimmkatalog für Strände.

Sonstiges:

Italiener sind sehr gastfreundlich und kinderlieb. Zu einer Einladung sollte man pünktlich sein. Die Gastgeberin und der Gastgeber sitzen bei Tisch an den Tischenden gegenüber. Betrunken sein gilt in Italien als unschicklich. Italiener sehen gern über Fehler hinweg. Ihre Stadt oder ihr Dorf ist selbstverständlich der schönste Ort Italiens. Deutsche Nörgler machen sich unbeliebt! Ein Gastgeschenk ist

durchaus üblich. Doch Sie sollten keine Chrysanthemen verschenken, da diese auch in Italien die typischen Friedhofsblumen sind.

Italien ist ein konservatives Land mit katholischem Glauben, der oft intensiv gelebt wird.

Sie können sich über viele Themen mit Italienern unterhalten, aber niemals das Land kritisieren. Ein äußerst emotionales Thema ist Fußball. Loben Sie lieber die italienische Küche oder die Familie. Diese hat in Italien einen hohen Stellenwert.

Zeigefinger und Daumen zusammenführen (das bekannte Taucher-OK-Zeichen) gilt in Italien als üble Beleidigung. Es kommt dem ausgestreckten Mittelfinger in Deutschland gleich.

Das Rauchen ist in Italien nicht ganz verboten. An öffentlichen Plätzen gibt es die „zone per fumatori" (Raucherzone). „Dvieto di fumare" bedeutet Rauchverbot. Es gilt in allen öffentlich zugänglichen Gebäuden, in Gaststätten und in Büros seit 2005. In Supermärkten dürfen keine Tabakwaren verkauft werden. Diese erhält man in den „Tabacchi" (Tabakläden). In Neapel und Bozen gilt ein Rauchverbot auf großen Plätzen, in Stadien oder Freilichtbühnen. In Italien geht man bislang noch moderat mit Rauchern um. Im Zwergstaat San Marino gilt sogar ein absolutes Rauchverbot für Autofahrer.

Hier noch etwas Kurioses: Das Tragen von roter Unterwäsche zum Jahreswechsel verspricht Glück in der Liebe.

KROATIEN

Begrüßung:

Zur Begrüßung und bei der Verabschiedung gibt man sich die Hand. Es wird Wert auf eine förmliche Anrede gelegt. Duzen ist nicht üblich.

Nur unter Bekannten und Freunden begrüßt und verabschiedet man sich umgangssprachlich mit „Bok!" (Hallo) und „Bok, Bok!" (Tschüss).

Tischsitten:

Die Tischsitten unterscheiden sich kaum von denen in Österreich. Allerdings werden Sie in den meisten Restaurants nicht platziert. Übliche Trinkgelder betragen 5 bis 10 Prozent. Bei Trinkgeldern für das Hotelpersonal orientieren Sie sich an der Hotelkategorie.

Kleidung:

Der Kleidungsstil ist ähnlich wie der von Italien bzw. Österreich. Je nach Region und Anlass ist es für Kroaten auch üblich in Tracht zu erscheinen. In Kroatien sind „Oben-Ohne-Baden" und FKK erlaubt. Dafür gibt es speziell ausgewiesene FKK-Strände.

Sonstiges:

Das Land ist ein weltoffenes Land, dennoch ist das Austauschen von Zärtlichkeiten in der Öffentlichkeit ein absolutes No-Go.

Die Kroaten sind ein gastfreundliches und gemütliches Volk. Die Uhren ticken hier etwas langsamer und Zeit spielt nicht unbedingt die Rolle. Auch öffentliche Verkehrsmittel fahren nicht immer pünktlich ab. Die Umgangsformen sind beeinflusst von der Mentalität der Österreicher (sehr höflich) und der Lebensfreude der Italiener. Es gibt auch Menschen, die sich nach dem früheren Jugoslawien zurück sehnen. In Kroatien leben die Menschen oft generationsübergreifend in einem Haushalt. Die

Nachbarn gehören oftmals mit zur Familie.

Die Preise für Dienstleistungen und verschiedene Waren kann man verhandeln.

Gut zu wissen: Die seit dem 30. Mai 1994 gültige kroatische Währung heißt Kuna (kroatisch für Marder), weil Fallensteller im Mittelalter mit Marderfellen als Pelzgeld handelten. Voraussichtlich soll ab Januar 2023 der Euro offizielles Zahlungsmittel werden.

Fotografieren und Filmen:

Militärische Anlagen dürfen nicht fotografiert werden. Dazu zählen auch die Schiffe der kroatischen Marine in den Häfen von Dalmatien.

NIEDERLANDE

Begrüßung:

Diese ist eher informell wie „Hallo" oder „Goeiemorgen, goeiemiddag of goedenavond". Unbekannte spricht man an mit „Mevrouw" (Frau) oder „Meneer" (Herr). Man geht schnell zum „Du" über. Man legt in der Anrede keinen großen Wert auf Titel. Im Westen der Niederlande spricht man eher kein Deutsch. Hier verständigt man sich Englisch. Wenn man Deutsch reden möchte, fragen Sie vorher mit:

„Kan ik duits met u spreken?" (Kann ich deutsch mit Ihnen sprechen?).

Tischsitten:

Die Niederländer essen meist früh zu Abend (nicht nach 19.00 Uhr). Wenn man eine Verabredung nach 19.00 Uhr hat, geht man davon aus, dass bereits gegessen wurde. So bekommt man nach 22.00 Uhr sehr schwer etwas Warmes in der Gaststätte zu essen. In kleinen Gaststätten gibt es eine Art Selbstbedienung, wie es in britischen Pubs üblich ist. Der Gast gibt seine Bestellung an der Theke auf. Die Niederländer bezahlen bargeldlos – „klein Bedrag – pinnen mag" (Kleiner Betrag – Pin ist erlaubt).

Kleidung:

Diese muss nicht topmodisch sein, aber dem Anlass angemessen. Die Niederländer definieren sich nicht über die Kleidung.

Sonstiges:

Die Niederländer sind ein Radfahrervolk. Es gibt fast überall sehr gut ausgebaute Radwege. Mit dem Fiets (Fahrrad) kommt man, zumindest in den Großstädten, am besten und schnellsten voran und man bekommt als Radfahrer auch meist Recht. Autofahrer haben das Nachsehen und müssen sich in Geduld üben, wenn eine Gruppe Radfahrer vor ihnen radelt. Als Fußgänger bringt man Radfahrer in Rage, wenn man auf dem Radweg läuft.

Ein Coffeeshop ist nicht wie in England ein gewöhnliches Café zum Kaffeetrinken. Es ist ein Ort, an dem man Cannabis kaufen kann. Ein normales Café wie in Deutschland heißt auch in den Niederlanden Café.

Übrigens ist ein Niederländer nicht zwangsläufig ein Holländer, denn Holland ist eine Provinz.

Gut zu wissen: Seit 2014 wird am 27. April zum Koningsdag (Königstag) der amtierende König Willem-Alexander mit Flohmärkten, Konzerten und Picknicks gefeiert. Diesen Nationalfeiertag begehen auch die Gemeinden in der Karibik. Man kleidet sich in Orange (Farbe des Königshauses). Es ist wahrscheinlich das lustigste Fest des Jahres.

ÖSTERREICH

Begrüßung:

Diese ist ähnlich wie in Deutschland und in der Schweiz per Handschlag. Die Begrüßung per Handkuss und die Worte „Gnä` Frau" oder „Habe die Ehre" gehören in Österreich zur aussterbenden Begrüßungsform. Heute begrüßt man sich herzlich mit „Bussi links, Bussi rechts" und den Worten „Grüß' Gott". „Hallo" ist eher bei der jüngeren Generation üblich. Das vorwiegend in Wien gebräuchliche

„Servus" sagt man sowohl zur Begrüßung als auch zur Verabschiedung. „Pfiat di Gott" (Behüt dich Gott) ist häufig im ländlichen Raum als Verabschiedung gebräuchlich. In den Bergen ist man grundsätzlich eher per du, man sagt „Grias di", „Grias euch", „Pfiat di" oder „Pfiat euch". Auf die Nennung von akademischen Graden bzw. Titeln wird in Österreich teilweise mehr Wert gelegt als in Deutschland.

Tischsitten:

Diese sowie das Trinkgeld ähneln komplett den deutschen Gebräuchen. So gibt man im Restaurant ca. 10 Prozent und bei sehr gutem Service bis zu 20 Prozent des Rechnungsbetrages. Den Kellner ruft man mit „Herr Ober".

Weibliches Servicepersonal bitte nicht mit „Fräulein" rufen. Fragen Sie einfach nach dem Namen oder schauen Sie auf das Namensschild.

Kleidung:

Bei offiziellen Anlässen und Einladungen sollte die Garderobe dem Anlass angemessen sein. Je nach Region und Anlass, ist es für Österreicher auch üblich in Tracht zu erscheinen. Wenn Sie nicht selbst mit diesem Brauch verwurzelt sind, sollten Sie als Gast in Österreich auf die Tracht verzichten!

Sonstiges:

Eine private Einladung in eine österreichische Familie zu erhalten, ist etwas ganz Besonderes. Diese sollten Sie

dann auch nicht absagen und auch ein dem Anlass entsprechendes Gastgeschenk mitbringen. Pünktlichkeit bedeutet das akademische Viertel einzuhalten, aber nie zu früh erscheinen. Nur in gehobenen Kreisen in Wien und in Salzburg zur Festspielzeit gilt alles „Förmliche". Restösterreich besteht vorwiegend aus ländlicher oder alpiner Bevölkerung, da sind die Sitten nicht so streng. Dort distanziert man sich auch gerne von den „arroganten Wienern".

Insbesondere in Wien ist eine gepflegte Konversation gern gesehen. Hier unterhält man sich in der Regel nicht allzu laut, hält zum Gesprächspartner etwas Abstand und das Gestikulieren bei Gesprächen ist eher untypisch. In Restösterreich ist man etwas lockerer.

Übrigens gehört die Wiener Kaffeehauskultur seit 2011 zum immateriellen Kulturerbe der UNESCO.

Bitte vermeiden Sie es, Dialekte nachzuahmen oder von „Ösis" zu sprechen. Dagegen können Sie gern die Worte Sackerl (Beutel, Tragetasche), Spritzer (Schorle) oder Schlagobers (Schlagsahne) in ihr Vokabular aufnehmen.

In Österreich ist das Rauchen sowohl in der Gastronomie und in allen öffentlichen Gebäuden verboten. Das Rauchen ist auf ausgewiesenen Freiflächen erlaubt.

PORTUGAL

Begrüßung:

Die Begrüßung ist eher formell und zurückhaltend. Man begrüßt sich zwar per Handschlag, aber nur unter Bekannten gibt es im Rahmen der Begrüßung Körperkontakt. Männer umarmen sich nie untereinander. Typische Grußformeln sind „bom dia" (guten Tag), ab nachmittags „boa tarde" und abends „bua noite". Frauen werden als „Dona" und Männer als „Senhor" angesprochen.

Tischsitten:

Diese ähneln unseren deutschen Tischsitten. Hektik kennen Portugiesen beim Essen nicht, man nimmt sich Zeit. In Portugal setzt man sich nicht zu anderen an den Tisch. Das Abendessen beginnt ab 21.00 Uhr.

Brot, Butter und Oliven gehören meist mit zum „couvert" (Gedeck), das Ihnen sowieso mit 1 bis 3 Euro berechnet wird. Erhalten Sie ungefragt kleine Leckereien wie Schinken oder Käse, müssen Sie diese auch bezahlen.

Trinkgelder sind gern gesehen und werden von Servicekräften auch erwartet.

Übrigens: Nachsalzen und Nachpfeffern gelten als Beleidigung für den Koch.

Kleidung:

Die typische Urlauberkleidung wird akzeptiert, aber wie in allen katholisch geprägten Ländern sollte man Kirchen und Klöster in angemessener Kleidung besuchen. Frauen sollten keine allzu kurze Kleidung tragen und die Schultern bedecken. Für Männer sind Achselshirts und Shorts tabu.

An der Algarve gibt es Buchten, die bei FKK-Anhängern sehr beliebt sind. Dies wird toleriert, aber eigentlich ist FKK in Portugal nicht erlaubt. Das „Oben-Ohne-Baden" wird meistens geduldet.

Sonstiges:

Pünktlichkeit wird nicht allzu genau genommen. Halten Sie bei Einladungen oder Verabredungen zumindest das akademische Viertel ein, damit Sie den Gastgeber nicht in Verlegenheit bringen. Ein Gastgeschenk ist gern gesehen. Das können beispielsweise Blumen, ein „guter Tropfen" oder ein Geschenk aus der Heimat sein.

Meiden Sie in Gesprächen das Verhältnis zu Spanien. Der Kommunikationsstil der Portugieser ist zurückhaltend. Wildes Gestikulieren wie in Italien oder extrem lautes Reden ist den Portugiesen fremd. Portugiesen gelten als äußerst stolz und sind dementsprechend sehr sensibel und leicht zu verletzen.

Sagen Sie in Portugal niemals das spanische Wort „Gracias" für Danke. Danke heißt „obrigada" (für Frauen) bzw. „obrigado" (für Männer).

An den Bus- oder Tramhaltestellen bitte nicht drängeln, sondern ruhig in der Schlange warten und vorn einsteigen.

Das Rauchen ist in allen öffentlichen Einrichtungen, in Restaurants, Bars und Clubs verboten, doch auf Terrassen ist es erlaubt.

SCHWEIZ

Begrüßung:

Diese ist ähnlich wie in Deutschland
per Handschlag. Die Verwendung des
Wortes „Grüezi" ist im Schweizerdeut-
schen Raum in Ordnung.

Tischsitten:

Sie ähneln komplett denen in
Deutschland. In der Schweiz legt man
großen Wert auf sehr gute Umgangsformen. Die Schweiz verfügt über ein
perfekt ausgebildetes Servicepersonal

71

und über zur Weltspitze zählende Hoteliers und dementsprechend hoch ist das Niveau. Mit Trinkgeldern ist ähnlich wie in Deutschland umzugehen.

Das Schweizer Nationalgericht ist Fondue. Hier gibt es einen noch heute gültigen Brauch: Ein Mann, dem Brot ins Fondue fällt, muss ein Getränk ausgeben – eine Frau muss diesen Fauxpas mit einem Kuss zahlen. Ein

Käsefondue genießt man eher in der kalten Jahreszeit.

Kleidung:

Bei offiziellen Anlässen und Einladungen sollte die Garderobe dem Anlass angemessen, ähnlich wie in Deutschland, sein. Je nach Region und Anlass ist es für Schweizer auch üblich, in Tracht zu erscheinen.

Sonstiges:

Private Einladungen erfolgen eher selten, man sollte sie also zu schätzen wissen und sich entsprechend verhalten (siehe Österreich, S. 62).

In der Schweiz unterscheidet man vier Landessprachen: Deutsch, Französisch, Italienisch und Rätoromanisch. In diesen Sprachgebieten hat man auch meist den Lebensstil dieser Länder angenommen. Daraus hat sich der typisch schweizerische Stil geprägt, der sich durch Höflichkeit, Zurückhaltung und Geduld auszeichnet. Schweizer pflegen einen ruhigen, sachlichen und stressfreien Umgang in allen Lebenslagen. Sie halten an ihren Traditionen fest, haben einen starken Regionalstolz und zugleich einen ausgeprägten Sinn für Ordnung und Sauberkeit.

In der Schweiz gilt das Bundesgesetz zum Schutz vor Passivrauchen: „Alle geschlossenen Räume müssen rauchfrei sein, wenn sie öffentlich zugänglich sind oder mehreren Personen als Arbeitsplatz dienen."

SKANDINAVISCHE LÄNDER

In den skandinavischen Ländern legt man großen Wert auf Pünktlichkeit. Auch mit Bescheidenheit und Zurückhaltung kann man hier punkten. Die Gleichberechtigung zwischen den Geschlechtern ist in Skandinavien selbstverständlich. Man begrüßt sich in der Regel nur bei offiziellen Anlässen per Händedruck. In Finnland kann man leicht mit dem Kopf nicken bzw. sich verbeugen. Ansonsten ist die Begrüßung eher salopp mit „Hej" (in

Schweden und Norwegen) und gute Freunde umarmen sich. Man geht schnell zum „Du" über, Titel zählen nicht sehr viel, man begegnet sich eher auf Augenhöhe. Natürlich sollte man bei Geschäftstreffen die Titel seiner Gesprächspartner wissen. Die Königsfamilien werden nicht geduzt.

Die Skandinavier, insbesondere die Finnen, sind in ihrer Konversation eher zurückhaltend.

In den meisten skandinavischen Ländern muss man, zumindest im Restaurant, kein Trinkgeld geben. Man geht davon aus, dass mit der Rechnung alles beglichen ist. Es wird aber immer gern gesehen, wenn eine erbrachte Leistung honoriert wird. Der Alkoholausschank ist in ganz Skandinavien sehr reglementiert. Ebenso herrscht weitgehend Rauchverbot, so dass viele Einheimische wieder auf „Snus" (Oraltabak) zurückgreifen.

Übrigens: Die Bewohner skandinavischer Länder bezeichnen sich nicht als Skandinavier, sondern als Finnen, Norweger oder Schweden.

In Dänemark ist mit „middag" das Abendessen gemeint. Nach dem Essen bedankt man sich mit den Worten „Tak for mad" (Danke für das Essen). Beim Essen gibt es wenige Konventionen. Das dänische Frühstück ist reichhaltig, zum Mittag gibt es meist Smørrebrød (belegtes Butterbrot) mit kalten Beilagen wie Wurst, Käse oder Fisch und zum

Abendessen zwischen 18.00 Uhr bis 20.00 Uhr nimmt man eine warme Mahlzeit ein. Als Digestif trinkt man gern einen Aquavit.

In Finnland ist die Sauna ein unbedingtes Muss. Man findet sie auch in Privat-, Ferien- oder sogar in Miets-häusern. Die Regeln sind eher locker, dennoch gibt es nicht allzu viele Unisex-Saunen. Am besten man orientiert sich an den Einheimischen, dann kann nichts schief gehen. In Finnland kann es tatsächlich passieren, dass man von seinem Geschäftspartner zum Saunabesuch eingeladen wird. Diese Geste zeigt großes Vertrauen und sollte angenommen werden. Die Finnen sind ein eher wortkarges

Volk, da hier das gesprochene Wort verbindlich ist.

Kinder sind überall willkommen.

Hier noch etwas Kurioses: Wenn die Clubs und Kneipen in der Nacht schließen, öffnen viele kleine Straßengrills und Kioske, die Gegrilltes anbieten.

In Norwegen wünscht man sich nicht „guten Appetit", sondern man bedankt sich nach dem Essen mit „takk for mat" (danke für das Essen).

In Norwegen aber auch in Schweden sollte man vorm Betreten einer Wohnung die Schuhe ausziehen.

In Schweden gehen ältere Menschen sofort zum „Du" über. Die Jüngeren bleiben länger beim „Sie".

Es gibt gegen 11.00 Uhr Mittag und ab 17.00 Uhr Abendessen. Man prostet sich mit „Skal" bei feierlichen Essen mit alkoholischen Getränken zu. Für jede Zutat auf dem Tisch gibt es ein Messer, also ein Buttermesser, ein Käsemesser u. a. Falls man überhaupt ein eigenes Messer eingedeckt bekommt, nimmt man dieses nur zum Schneiden seiner eigenen Brote.

In Schweden mag man keine intensiv süßen Düfte. Es gibt sogar Hotels, Restaurants, Kinos aber auch Arztpraxen, die „starkes Parfüm" nicht mehr zulassen.

Gut zu wissen: Bargeld ist in Schweden fast schon exotisch und soll bis 2030 ganz aus dem Zahlungsverkehr verschwinden.

SPANIEN

Begrüßung:

Die Spanier begrüßen sich per Handschlag, bei privaten Begegnungen umarmen sie sich und geben sich gegenseitig rechts und links einen in die Luft gehauchten Wangenkuss. Wenn Sie von einem Freund oder einer Freundin vorgestellt werden, so gehören Sie automatisch mit dazu und werden ebenso gedrückt und geküsst. Zur Begrüßung sagt man meist „hola" (Hallo) und zur Verabschiedung

„hasta luego" (Tschüss). Die Spanier duzen etwas mehr als die Deutschen. Eine Frau spricht man mit „Senora" und einen Mann mit „Senor" an. Eine jüngere Frau mit „Senorita" ist veraltet und gilt eher als diskriminierend ähnlich wie Fräulein. „Guten Tag" heißt „buenos días", ab nachmittags sagt man „buenas tardes" und „guten Abend" heißt „buenas noches".

Tischsitten:

In vielen Restaurants bekommt man einen Platz zugewiesen. In Spanien spielt das Essen eine zentrale Rolle. Man sitzt in größeren Gruppen zusammen, genießt das Essen und kommuniziert miteinander. In Spanien ist es nicht üblich, die Rechnungssumme aufzurunden, wie in Deutschland. Die Rechnungsbegleichung erfolgt meist auf einem Tellerchen. Der Gast legt das Geld darauf, der Kellner nimmt den Teller und bringt ihn wieder zum Gast. Das Restgeld, was der Gast auf dem Teller zurücklässt, ist das Trinkgeld. Angemessen ist, die Rechnungssumme um mindestens 10 Prozent aufzurunden. In den meisten Regionen von Spanien (Ausnahme ist beispielsweise Katalanien) ist es nicht üblich, dass der Rechnungsbetrag beim Bezahlen geteilt wird. Falls der Gastgeber nicht die komplette Rechnung für seine geladenen Gäste übernehmen möchte, zahlt er zuerst die gesamte Rechnung im Restaurant. Die Anderen zahlen dann ihren Anteil an den Gastgeber.

Die Preise fürs Essen und Trinken, egal in welchem Lokal, sind immer fest.

Das Frühstück (desayuno) kann aus einer Tasse Kaffee und Gebäck, aber auch herzhaft aus Brot, Wurst, Käse und Rührei bestehen. Das Mittagessen (la comida) beginnt ab 14.00 Uhr und ist die umfassendste Mahlzeit. Die Restaurants sind voll und es wird am häufigsten das „Menú del día" (ein preiswertes Tagesangebot) bestellt. Das Abendessen (la cena) ab 21.00 Uhr ist ebenso traditionell wie das Mittagessen eine warme Mahlzeit. Üblich sind zwei Gänge und ein Nachtisch (postres).

Der Spanier isst grundsätzlich alles mit Brot und auch stilles Wasser gehört traditionell dazu.

Kleidung:

Wie in allen katholisch geprägten Ländern sollte man Kirchen und Klöster in angemessener Kleidung besuchen. Frauen sollten keine allzu kurze Kleidung tragen und die Schultern bedecken. Für Männer sind Achselshirts und Shorts tabu.

Spanier legen großen Wert auf stilvolle, elegante und gepflegte Kleidung, mehr als beispielsweise die Deutschen. Männer tragen lange Hosen und geschlossene Schuhe. Ein gepflegter, eher konservativer Haarschnitt ist ein Muss. Doch wie überall in Europa gibt es auch in Spanien Ausprägungen in verschiedene Richtungen. Achten Sie auf „solide" Kleidung, wenn Sie nicht gleich auf den ersten

Blick als Tourist abgestempelt werden wollen. Mit Shorts und Sandalen sind Sie sofort als Tourist zu erkennen.

Sonstiges:

Wenn ein Spanier Sie zum Abendessen einlädt, so findet dieses meist nicht im Haus des Spaniers, sondern in einem Restaurant statt. Falls Sie doch eine häusliche Einladung erhalten sollten, so ist ein Gastgeschenk angebracht. Eine Flasche Wein, Pralinen, Geschenke aus der Heimat oder Blumen sind passend. Bitte auch hier keine Chrysanthemen verschenken, da sie als typische Friedhofsblumen gelten.

Katalanen und Basken sehen sich selbst nicht als Spanier, also sagen Sie niemals „Spanier", sondern „Katalane" bzw. „Baske" zu diesen Menschen.

Die Spanier sind überwiegend katholischen Glaubens, hingegen ist die Hälfte der Einwohner in Katalonien nicht gläubig („das Land der Anarchisten"). Durch die starke Zuwanderung in den letzten Jahren ist die Anzahl der Muslime und anderer Religionsanhänger gestiegen. Aus diesem Grund sollte man keine Diskussionen über Religion und Politik anfangen.

Die gastfreundlichen Spanier haben sich auf Touristen eingestellt und sind auch sehr kinderfreundlich. Sie können z. B. Ihre Kinder abends problemlos mit ins Restaurant nehmen. Aber man sollte dann auch die nötige Toleranz gegenüber Kindern zeigen.

Das spanische Temperament ist bekannt, leise sprechen oder auch jemanden ausreden lassen, gehören nicht zu ihren Stärken. Lassen Sie sich nicht auf Fußball-Diskussionen ein, denn das kann schnell zur Kontroverse führen. Ebenso sollte man Themen wie Stierkampf oder Franko-Diktatur meiden.

Bei fliegenden Händlern oder auf Märkten lohnt es sich zu handeln. Machen Sie beispielsweise vor den beliebten Kutschfahrten immer einen festen Preis aus.

Während der Siesta (Mittagspause) zwischen ca. 14.00 Uhr und 17.00 Uhr zu stören, gilt als extrem unhöflich. Sie sollten in dieser Zeit auch private Besuche vermeiden! Seit 2013 ist die

Siesta keine Pflicht mehr, aber viele Arbeitgeber halten sie noch ein. Vor allem in ländlichen Gegenden hat die Siesta weiterhin Tradition.

Zur Pünktlichkeit in Spanien gibt es regionale Unterschiede. Im Süden kann es durchaus üblich sein, dass man zu einer Verabredung bis zu einer halben Stunde später kommt. Katalanen sind dagegen sehr pünktlich.

Spanien hat eines der schärfsten Nichtraucher-Schutzgesetze in Europa. Das Rauchen ist in Krankenhäusern, auf Spielplätzen, in Schulen, Clubs, Restaurants, Bars und auf einigen öffentlichen Plätzen seit 2011 verboten. In Gaststätten und auf Flughäfen gibt es keine Raucherzonen mehr.

Wer gegen den Hinweis „Prohibido fumar" (Rauchen verboten) verstößt, riskiert eine drastische Geldstrafe (bis zu 600.000 Euro!). In Mallorca ist sogar ein Rauchverbot im Auto geplant. In den Ferienregionen Formentera, Ibiza, Mallorca und Menorca gilt beispielsweise ein Sitz- und Gehverbot für Raucher. Hier können Raucher nur in der Außengastronomie mit ausreichend Abstand zu anderen (1,50 Meter Entfernung von ihrem Tisch) und nur im Stehen rauchen. Raucher, die unachtsam Zigarettenkippen wegwerfen, erwartet ebenfalls ein Bußgeld. Gleiches gilt übrigens für das Ausspucken von Kaugummi.

TÜRKEI

Begrüßung:

Die Begrüßung, zumindest im Geschäftsleben, erfolgt per Handschlag. Privat gibt man entweder die Hand oder haucht ein Küsschen auf jede Wange in die Luft. Älteren Menschen wird sehr viel Respekt entgegengebracht: Man begrüßt sie mit Handkuss oder es wird die Hand des Älteren zuerst zum Kinn und dann an die eigene Stirn gedrückt.

Männer und Frauen sollten keine Zärtlichkeiten in der Öffentlichkeit austauschen.

Frauen werden nach dem Vornamen mit „Bayan" oder „Hanim" und Männer mit „Bey" angesprochen.

Tischsitten:

Restaurants in Großstädten und in den Touristenregionen unterscheiden sich nicht von unseren. Auf dem Land kann es passieren, dass Sie nach alter Sitte im Schneidersitz essen sollen, aber keine Angst, es ist kein Muss! Das türkische Essen ist reichhaltig und geschmackvoll. Es werden immer mehrere Gerichte auf den Tisch gestellt und man bedient sich an den verschiedenen Speisen. In touristischen Regionen ist wie bei uns Besteck gebräuchlich. Auf dem Land isst man oft noch mit der Hand und zwar ausschließlich mit der rechten, die linke Hand gilt als unrein. Dort wird zu einem Essen stets Fladenbrot gereicht, das man als Löffelersatz nutzt. Auf Schweinefleisch wird in der Türkei eher verzichtet.

Trinkgeld ist gern gesehen, in Restaurants etwa 10 Prozent des Rechnungsbetrages.

Es ist verboten, in der Öffentlichkeit Alkohol zu trinken. Ausnahmen bilden die Urlaubsregionen.

Kleidung:

Wenn Sie von Türken respektvoll behandelt werden wollen, kleiden Sie sich nicht allzu freizügig. Beim Besuch einer Moschee achten Sie bitte auf lange Kleidung, knie- und schulterbedeckt (siehe Kleidung in Ägypten, S. 13). Frauen sollten auch eine Kopfbedeckung tragen. In manchen Gegenden ist dies sogar Pflicht.

FKK wird in der Türkei nicht gern gesehen. In einigen hoteleigenen Pool- bzw. Strandbereichen wird zumindest „Oben-Ohne" geduldet. Auch in einem Hammam (Badehaus) zeigt man sich nicht vollständig nackt.

Sonstiges:

Wenn man ein türkisches Haus oder eine türkische Wohnung betritt, so zieht man die Schuhe aus. Das ist ein Zeichen des Respektes und der

Höflichkeit. Als Beleidigung gilt das Zeigen der Schuhsohlen.

Ein Gastgeschenk wird immer angenommen. Angebotene Getränke sollte man nicht ablehnen. Gern werden Apfel- oder Pfefferminztee gereicht.

Die Familie hat in der Türkei einen hohen Stellenwert. Türkische Familien sind äußerst kinderlieb, auch zu den Kindern der Gäste und Urlauber.

Zum Ramadan müssen Reisende in den touristischen Regionen nicht mehr mit Einschränkungen rechnen. Auch heute noch hält ein hoher Prozentsatz der Türken den Ramadan ein und pflegt in der Zeit die Familientradition. Nachdem der Muezzin gerufen hat, setzt man sich gesellig zusammen, isst und trinkt gemeinsam und unterhält sich miteinander. Der Zeitpunkt des Ramadan wird nach dem Mondkalender berechnet, deshalb verschiebt er sich jährlich etwa um elf Tage nach vorne.

Bitte vermeiden Sie Diskussionen über den Staatsgründer Kemal Atatürk, zur Kurdenfrage, zur Religion und über die Regierung und deren Politik. Geldscheine mit dem Abbild von Kemal Atatürk dürfen nicht beschmutzt oder beschädigt werden.

Steine, Muscheln, Erde, Pflanzen, Bruchstücke antiker Säulen oder Mauern können bei der Ausreise am Zoll zu Problemen führen.

Feilschen gehört zum guten Ton, aber Feilschen nur so zum Spaß, also ohne Kaufabsicht, gilt als unfein.

Das bei uns bekannte Taucher-OK-Zeichen gilt auch in der Türkei als üble Beleidigung.

Laut Quelle ist die Sterblichkeitsrate türkischer Männer durch Rauchen nach Nordkorea die zweithöchste der Welt. In der Türkei wurde 2008 ein umfassendes Rauchverbot eingeführt. Seither ist das Rauchen in allen öffentlichen Gebäuden verboten, die Tabak-Werbung wurde eingeschränkt und im türkischen TV liefen Aufklärungsvideos über die Gefahren des Rauchens. Die Türkei hat das Rauchverbot nun auch auf private Fahrzeuge ausgeweitet.

UNGARN

Begrüßung:

Die Begrüßung erfolgt per Handschlag und Blickkontakt. Mit „Kezét csókolom" (was in etwa „Küss die Hand" heißt) kommt „Mann" bei Frauen gut an. Diese Anrede wählt man zum Begrüßen von älteren Personen, ansonsten reicht ein „jó nap" (Guten Tag) oder einfach „szia" (Hallo). Tschüss heißt „Viszlát". Der Handkuss ist ähnlich wie in Österreich „old school". Wenn man einen Ungarn fragt, wie es ihm geht, so antwortet er meist pessimistisch auf diese Frage.

Tischsitten:

Man erhält in Ungarn oft gute Hausmannskost, gern scharf mit Paprika gewürzt. Legendär ist das ungarische Gulasch (Pörkölt). Das Essen ist ein wichtiger Bestandteil im Leben der Ungarn. Der Tisch wird immer reich gedeckt. Zum Essen reicht man fast immer einen Pálinka – der ungarische Obstbrand gilt als Universalmittel schlechthin, sei es als Heil-, als Beruhigungsmittel oder einfach nur so. Wein wird auch sehr gern getrunken. Bestellt man „hosszú lépés" (langer Schritt) dann erhält man eine Weinschorle mit mehr Wein und weniger Wasser, bei

„rövid lépés" (kurzer Schritt) erhält man eine Weinschorle mit weniger Wein und mehr Wasser. Die alte ungarische Stadt Tokaj ist Namensgeberin des bekannten Tokajers, der ausschließlich im Tokajer Weinanbaugebiet entsteht. Dieses liegt zu 90 % in Nord-Ungarn und zu 10 % in der Süd-Slowakei.

Die Kaffeehäuser haben eine fast ebenso lange Geschichte wie in Wien. Auch durch die über 100-jährige türkische Herrschaft ist das Kaffeetrinken fester Bestandteil der ungarischen Kultur geworden. Aus dieser Zeit stammen übrigens auch die vielen türkischen Bäder (Hammam) vor allem in Budapest.

Heutzutage gibt es leider nicht mehr allzu viele Restaurants, wo Sie Csárdás,

live gespielt, hören. Trinkgeld ist gern gesehen, seien Sie großzügig.

Kleidung:

Neben legerer Kleidung zieht man sich in Ungarn meist chic und sehr modisch an. Zu offiziellen Anlässen sollte man angemessen und eher konservativ gekleidet erscheinen.

In Ungarn ist „Oben-Ohne-Baden" nur an gekennzeichneten Stellen erlaubt. FKK Strände gibt es so gut wie gar nicht. Selbst in der Sauna wird Badekleidung getragen.

Sonstiges:

Die gastfreundlichen Ungarn laden gern ein und sind großzügig. Als Gast sollte man sich unbedingt beim Gastgeber bedanken und das Essen loben. Selbst beim Einchecken ins Urlaubsappartement wird der Reisende mit einem Aprikosenschnaps oder Pálinka begrüßt.

Man muss bei Einladungen nicht extrem pünktlich sein, die akademische Viertelstunde ist ausreichend.

Sie sehen sich als Mitteleuropäer. Der Namenstag ist in Ungarn wichtiger als der eigene Geburtstag. Die galanten Ungarn verschenken sehr gern Blumen.

Im Straßenverkehr herrscht absolutes Alkoholverbot. Die ungarische Polizei ist fair, aber konsequent.

Ungarn hat eines der strengsten Nichtrauchergesetze Europas. Das Rauchen in öffentlichen, geschlossenen Räumen wie beispielsweise Restaurants und Hotels ist strikt untersagt. Bei Nichtbeachtung drohen hohe Bußgelder. Auch im Umkreis von Bushaltestellen oder Bahnhöfen gilt strenges Nichtrauchen. Tabakwaren kann man nur in den extra ausgewiesenen „Nemzeti Dohánybolt" Geschäften, die erst ab 18 Jahre zugänglich sind, kaufen.

Hier noch etwas Lustiges: „zum Wohl" heißt auf Ungarisch „egészségére!", ausgesprochen „ägesschegerä!". Auch nach dem dritten Wein sollten Sie nicht „ägesschägärä!" (geschrieben „egészsegére!") sagen, denn das heißt „auf Ihren ganzen Hintern"! Das ist aber kein Problem, der ungarische Gastgeber schmunzelt höchstens darüber.

USA

Begrüßung:

Die Begrüßung erfolgt per Handschlag „shake hands" und mit kurzem Blickkontakt, wenn man jemandem zum ersten Mal begegnet. Ansonsten erfolgt meist eine Umarmung.

Die Begrüßungsformel lautet: „Oh, how are you?" bzw. „Nice to meet you, I'm …"! Auf die Frage „How are you" antwortet man in der Regel mit „Oh, fine! Thank you! And how are you?" darauf antwortet der Fragesteller mit „fine".

Tischsitten:

Im Restaurant wird man normalerweise platziert. Das gilt nicht für kleine Imbisse, Fast-Food-Restaurants und ähnliches. Man setzt sich nicht unaufgefordert an einen Tisch zu anderen Gästen.

Naseputzen gilt als unfein – ebenso wie die Frage nach der „toilet". Fragen Sie einfach nach „restrooms" bzw. Frauen nach „Ladies Room" und Männer nach „Men's Room".

In einigen Bundesstaaten herrscht ein Alkoholverbot in der Öffentlichkeit.

In vielen Coffeeshops bekommen Sie „All you can drink"-Kaffee bzw. Softgetränke. Sie bezahlen das Getränk nur einmal.

Trinkgelder werden immer erwartet. Der Prozentsatz für Trinkgelder ist recht hoch. Das liegt u. a. daran, dass viele Servicekräfte ihr Haupteinkommen durch Trinkgelder bestreiten. In Restaurants oder anderen Lokalen zahlt man etwa 15 bis 20 Prozent des Rechnungsbetrages, ganz gleich ob Sie mit dem Service zufrieden waren oder nicht. Einen unfreundlichen US-amerikanischen Kellner finden Sie fast nie. Meist stellen sich die Kellner mit Vornamen beim Gast vor und sind sehr zuvorkommend.

Taxifahrer erwarten meist Trinkgelder von mindestens 15 Prozent des Fahrpreises. In einem besseren Hotel wird der Koffer des Gastes vom

Personal getragen. Hier geben Sie 1 Dollar Trinkgeld pro Gepäckstück. In touristischen Gebieten ist das Trinkgeld in der Rechnung integriert. Sie erkennen dies, wenn auf der Rechnung „Tip is included" steht.

Kleidung:

In der Freizeit oder wenn Sie privat eingeladen sind, können Sie sich leger kleiden. Verzichten Sie allerdings auf allzu freizügige Kleidung. Bei offiziellen Anlässen wird eine angemessene, elegante Kleidung erwartet. Oftmals ist auf Einladungen der gewünschte Dresscode erwähnt. Wenn Sie unsicher sind, fragen Sie beim Gastgeber nach, welcher Dresscode gewünscht ist.

FKK kann in den USA zu strafrecht-licher Verfolgung führen. Auch nack-te Kleinkinder oder „Oben-Ohne" werden maximal geduldet. In vielen Bundesstaaten wird man mit er-heblichen Geldbußen bestraft. An manchen Stränden wird selbst von Männern erwartet, dass sie keine knappen / engen Badehosen tragen. Tragen Sie lieber eine lockerer sitzen-de Schwimmhose.

An Stränden die mit „clothing optio-nal beaches" ausgeschildert sind, darf man die Hüllen fallen lassen.

Sonstiges:

Die Amerikaner geben sich recht lässig. Gastgeschenke wie Blumen werden nicht erwartet. Wenn man beispielsweise eine Flasche Wein zu einer Party mitbringt, wird diese gemeinsam getrunken.

In den USA sagt man ein freundliches „sorry", wenn man einem anderen versehentlich zu nah kommt. Bei einem ausgesprochenen Dankeschön „Thanks" antwortet man nicht mit „Please" (Bitte), sondern mit „You are welcome" (Du bist immer wieder willkommen, mich um Hilfe zu bitten.).

Man sollte sich gegenüber Vollzugsbeamten zurückhaltend und ruhig verhalten. Alle Anforderungen und Fragen bei der Einreise bitte ruhig und gewissenhaft beantworten. Hier versteht man keinen Spaß. In den USA halten einen Verkehrspolizisten

öfter an, als man das von Deutschland kennt.

Gehen Sie nie ohne Ausweis aus. Bei einigen Sehenswürdigkeiten beispielsweise in New York gehört der Check des Passes zur Sicherheitskontrolle.

Wenn Sie sich im Supermarkt die Tüten zum Auto tragen lassen, geben Sie 1 bis 2 Dollar Trinkgeld.

Geben Sie sich nicht dem Jetlag hin. Die Zeitverschiebung ist in etwa drei Tagen kompensiert.

Ein weiteres NoGo ist eine unrasierte Achselbehaarung bei den Frauen. Dies wird als negativ empfunden, ähnlich wie in Deutschland Sandalen mit Socken zu tragen.

Bezüglich des Rauchens gilt in den USA der sogenannte „Smoking ban", der einem bundesweiten Rauchverbot auf öffentlichen Plätzen, in Restaurants und Bars entspricht. Auch in den meisten Hotels darf man im Zimmer nicht rauchen. Das Rauchverbot gilt nicht nur in öffentlichen Gebäuden, sondern auch im Umkreis von einigen Metern. So ist auch vor Flughafeneingängen das Rauchen untersagt. Des Weiteren gelten in den USA die „smoke-free laws". Diese werden durch die Bundesstaaten individuell bestimmt. So ist in Kalifornien ein striktes Rauchverbot, an allen Orten wo andere Menschen zusammen treffen. In Beverly Hills dürfen Sie nicht einmal in einem Restaurant im Freien rauchen. Etwas lockerer sind hingegen Bundesstaaten wie Nevada oder

Utah. Hier darf man auch in geschlossenen Casinos rauchen. Ähnlich ist es in Florida, hier gibt es Raucherbereiche auf öffentlichen Plätzen. Wenn Kinder an Bord sind, wird das Rauchen im Auto in den USA bestraft. Übrigens auch im Auto sichtbare Spirituosen können zu Problemen führen. Überhaupt trägt man keinen Alkohol auf der Straße, sondern transportiert ihn bestenfalls in den „braunen Tüten".

Hier noch etwas Kurioses: Es ist verpönt, nach Labour Day (erster Montag im September) bis zum Frühling weiße Schuhe wie Loafers, Pumps, Sneakers zu tragen.

Wie sieht man Deutsche im Ausland und was sollte man im Ausland beachten

„Als deutscher Tourist im Ausland steht man vor der Frage, ob man sich anständig benehmen muss oder ob schon deutsche Touristen da gewesen sind."
(KURT TUCHOLSKY)

Kennen Sie das Klischee des deutschen Urlaubers? „… mit Socken in den Sandalen und mit dem Frotteehandtuch in der Hand geht der deutsche Tourist schon im Morgengrauen zur Poolliege und reserviert sich diese." Und so wie dieses Klischee eilt den Deutschen der Ruf voraus, dass Sie steif und reserviert sind und zum Nörgeln neigen. Freuen Sie sich, wenn Einheimische mit Ihnen im Urlaub den direkten Kontakt suchen und Ihnen etwas über ihre Traditionen, Sitten und Gebräuche, über Ausflugsziele oder über Sehenswürdigkeiten erzählen wollen. Versuchen Sie im Urlaub, einfach mal loszulassen, lassen Sie "die Seele baumeln".

Wenn man als Tourist in einem Land weilt, sollte man einige Wörter wie "Bitte", "Danke", "guten Tag" und "auf

Wiedersehen" in der jeweiligen Landessprache beherrschen.
Und Englisch ist die Verständigungssprache aller Touristen weltweit.

Einheimische ohne vorherige Erlaubnis zu fotografieren, ist in allen Ländern ein Tabu. Verschleierte Frauen oder militärische Anlagen zu fotografieren, ist generell nicht gestattet.
Fotos in Kirchen, Moscheen, Museen, … sind in der Regel erlaubt. Aus Gründen der Erhaltung der Kunstwerke darf nicht mit Blitz fotografiert werden.

Wenn Sie sich Urlaubserinnerungen mitbringen möchten, vertrauen Sie nicht darauf, was Ihnen der Händler sagt. Oftmals kann die Ausfuhr von echten antiken Stücken oder von Markenartikeln bzw. deren Plagiaten an der Grenze problematisch werden. Am besten Sie erkundigen sich direkt beim Zoll, was Sie mitnehmen dürfen. Auch die Ausfuhr von Steinen, Pflanzen, Muscheln oder Meerestieren ist meist verboten.

Damit Ihre Urlaubsreise auch ein wunderschönes Erlebnis bleibt, denken Sie an eine entsprechende Reiseapotheke. Eine der häufigsten Reisekrankheiten ist „Montezumas Rache". Hier gerät die Verdauung durcheinander. Essen Sie nach der Regel: „Cook it, boil it, peel it or forget it!" („Koch es, brat' es, schäl' es oder vergiss es!").

Falls Sie eine allzu herzliche Begrüßung, vielleicht auch aus gesundheitlichen Gründen, wie es in manchen Ländern üblich ist, nicht wünschen, so sagen bzw. zeigen Sie das einfach Ihrem Gegenüber. Ihr Wunsch wird dann toleriert und verstanden werden. Wie bereits in den Eingangsworten erwähnt, schützt man sich und andere, insbesondere in Pandemie- bzw. Epidemiezeiten, wenn man auf zu engen Körperkontakt verzichtet.

Ungeduld ist für viele Urlauber oder Gäste gerade in südlichen Ländern ein weiteres Fettnäpfchen. In südlichen Ländern „mahlen die Mühlen" in allen Bereichen etwas langsamer, ja auch die Zeit vergeht dort einfach

nicht ganz so schnell. Wer da versucht, sich ständig zu beschweren oder auf Pünktlichkeit beharrt, wird auf Verständnislosigkeit stoßen. Informieren Sie sich in diesen Ländern über die üblichen Mittagsruhezeiten, die „Siesta". Genießen Sie einfach Ihren Urlaub und lassen „Ihre eigene Mühle auch mal etwas langsamer mahlen".
Ich wünsche Ihnen eine gute Reise und einen angenehmen Aufenthalt.

Herzlichst

Frauke Weigand

QUELLENVERZEICHNIS

www.reiseuhu.de/blog/aegypten-tipps/

www.berge-meer.de/info/aegypten

www.bussgeld-info.de/benimmregeln-bulgarien/

www.augsburger-allgemeine.de/themenwelten/reise-urlaub/
Gesundheit-Urlaubsland-Bulgarien-fuehrt-strenges-Rauchverbot-
ein-id20190236.html

www.derreisefuehrer.com/guides/karibik/dominikanische-repub-
lik/history-language-culture/

www.dominikanische-republik2001.de/t-z/i_verhalten.htm

www.parismalanders.com/trinkgeld-frankreich-paris-wieviel-
trinkgeld-gibt-man/

www.focus.de/reisen/europa/tid-30003/restaurant-knigge-euro-
pa-vom-stilvollen-brechens-des-baguettes-frankreich-bon-appe-
tit-ohne-messer_aid_937375.html

reisenexklusiv.com/der-kleine-griechenland-knigge/

www.reiseuhu.de/blog/raki-souvlaki-und-co-entdeckt-die-kreti-
sche-kueche/

www.benimmregeln-reise.de/benimmregeln_griechenland.html

www.ab-in-den-urlaub.de/magazin/service/rauchen-im-urlaub/

www.benimmregeln-reise.de/benimmregeln_italien.html

www.checkfelix.com/reiseblog/7-tipps-fur-italien-urlaub/

www.bussgeld-info.de/benimmregeln-kroatien/

www.benimmregeln-reise.de/benimmregeln_oesterreich.html

www.sueddeutsche.de/reise/knigge-oesterreich-1.1617858

www.benimmregeln-reise.de/benimmregeln_portugal.html

www.benimmregeln-reise.de/benimmregeln_schweiz.html
www.benimmregeln-reise.de/benimmregeln_daenemark.html
www.benimmregeln-reise.de/benimmregeln_finnland.html
hollanddreams.com/de/benimmregeln-alltag-holland/
www.schwedentipps.se/reise-knigge/
www.futureplan.de/career/starte-durch/orientierung-bew
bung/bewerbung/business-knigge
www.benimmregeln-reise.de/benimmregeln_norwegen.html
de.wikipedia.org/wiki/Nichtraucherschutzgesetze_in_de
Schweiz
www.5vorflug.de/blog/rund-um-benimmtipps-fuer-spanien/
www.morgenpost.de/vermischtes/article230210028/Rauchverb
auf-Mallorca-soll-im-Kampf-gegen-Corona-helfen.html
www.rauch-frei.info/informier-dich/news/detailseite/strenge
rauchverbote-in-der-tuerkei.html
www.travel3.de/5016-Verhaltensknigge
www.benimmregeln-reise.de/benimmregeln_ungarn.html
www.plattensee-immobilien.org/ungarn/verhaltensregeln.htm
www.benimmregeln-reise.de/benimmregeln_usa.html
www.billiger-mietwagen.de/reisewelt/usa/informationen-u
usa-knigge.html
usanwalt.wordpress.com/2011/06/16/nach-herzenslust-fotog
fieren-fotoverbote-us/
praxistipps.chip.de/lufthansa-erlaubt-handys-was-darf-ich-a
bord-machen_97246
www.momondo.de/entdecken/artikel/reisen-mit-kindern
www.reisereporter.de/artikel/11129-delta-air-lines-plant-neue-r
geln-fuer-zuruecklehnen-der-sitze